AF450429

DISSERTATION

SUR

LES PÉRIODES ÉGYPTIENNES

ET SUR

UNE PÉRIODE INDIENNE;

PAR

G.-M. VILLETTE DE CHATEAUNEUF,

ANCIEN JURISCONSULTE.

DE L'IMPRIMERIE DE H.-L. PERRONNEAU.

A PARIS,

Chez DENTU, Impr.-Libraire, quai des Augustins,
n°. 22.

Et au Palais du Tribunat, Galeries de bois, n°. 240.

___

XII (1804).

DISSERTATION

SUR

LES PÉRIODES ÉGYPTIENNES

ET SUR

UNE PÉRIODE INDIENNE.

J E me propose d'examiner, dans ce mémoire, les périodes d'années dont les Égyptiens ont fait usage, soit pour régler leur chronologie, soit pour concilier les mouvemens du soleil et de la lune.

La période de 1460 ans, qu'ils appeloient *so-thique*, cette période qui se renouveloit lorsque l'étoile caniculaire sortoit des rayons du soleil le premier jour de leur année sacrée ou civile, et leur annonçoit le débordement prochain du Nil ; la tradition singulière dont parle Hérodote, qui rapporte que les prêtres égyptiens lui avoient raconté que pendant 11,340 ans, on avoit vu changer quatre fois le cours du soleil, et deux fois cet astre se lever aux mêmes points de l'horison où il se couche maintenant, et deux fois se coucher où il se lève ; l'ancienne chronique des Egyptiens dont la durée est de 36,525 ans, et toutes les parties dont elle est composée, qui font autant de périodes distinctes et séparées, seront l'objet de mes recherches.

Sans attaquer l'opinion des auteurs qui prétendent que la tradition que nous a transmise Hérodote et que l'ancienne chronique des Egyptiens que nous a conservée George le Syncelle, sont des systèmes chronologiques, j'entreprendrai seulement de prouver que toutes ces périodes qui s'accordent avec les mouvemens combinés du soleil et de la lune, ont été, dans l'origine, purement astronomiques ; ce ne sont dans le fait que des calculs plus ou moins exacts, par lesquels on a cherché à concilier, autant qu'il a été possible, non-seulement les mouvemens du soleil et de la lune entre eux, mais encore avec le mouvement apparent des étoiles fixes en longitude ; rien n'empêche cependant qu'on ait cherché à les concilier avec le système chronologique qu'avoient adopté les Egyptiens, ou que leur système chronologique n'ait été établi sur ces longues périodes.

La discussion dans laquelle nous allons entrer, nous fera découvrir une grande vérité ; c'est que les anciens Egyptiens, et sur-tout ceux qui habitoient les environs de Thèbes et au-dessus en remontant le Nil, paroissent avoir été les premiers peuples qui ont cultivé les sciences et l'astronomie : les progrès qu'ils y ont faits paroîtront bien étonnans ; les périodes d'années qu'ils ont imaginées font preuve de leur savoir ; la longueur des années , tant sydérales que tropiques, la durée des révolutions lunaires , le mouvement apparent des fixes leur ont été parfaitement connus ; toutes leurs périodes sont établies sur ces élémens : quelle idée ne devons-nous pas avoir de leurs connoissances , pour avoir fait des découvertes aussi importantes ? Il faut avoir cultivé l'astronomie pendant une longue suite de siècles pour y parvenir ; aussi l'origine de ce peuple se perd dans la nuit des tems ; elle remonte à des milliers de siècles avant l'ère vulgaire.

Les Chaldéens avoient aussi leurs longues périodes d'années ; ces longues périodes connues chez les anciens sous le nom de *périodes de restitution* ou de *grandes années*, appartenoient à l'astrologie ; elles embrassoient , suivant Dupuis , ainsi qu'on peut le voir dans sa dissertation sur les grands cycles, le cercle immense de tous les aspects possibles des planètes et des étoiles fixes : c'étoit après ces longues périodes, qui n'étoient que chimériques , que devoient se reproduire les mêmes événemens. Les savans , d'ailleurs , ne sont point d'accord entre

eux à ce sujet. Je serai donc obligé de les passer sous silence. Les Chaldéens prétendent ,
suivant Diodore de Sicile , que les observations
qu'ils avoient faites remontoient à 473,000 ans
avant le passage d'Alexandre en Asie ; Epigène,
suivant Pline, les faisoit remonter à 720,000
années ; Bérose et Critodème leur attribuoient
490,000 années : ces nombres prodigieux ne
peuvent être des périodes. Gibert, dans une
Lettre sur la chronologie, imprimée à Amsterdam
en 1743 , dont on trouve un extrait considérable dans l'Encyclopédie , article *chronologie*,
et duas l'Histiore de l'astronomie par **Bailly** ,
Gibert en réduisant en jours ces nombres prodigieux d'années , est venu à bout de les concilier avec différentes époques de l'histoire.

Les Indiens , suivant leurs traditions fabu-
leuses , avoient aussi leurs âges , leurs cycles et
leurs périodes. Tous les nombres qui les composent sont les fruits de l'imagination ; ils appartiennent aussi à l'astrologie : on n'en peut
donc tirer aucun parti ni pour l'astronomie
ni pour la chronologie ; on n'y peut reconnoî-
tre que le langage de peuples très-anciens, qui ,
parlant d'un tems très-reculé , dont ils n'ont
qu'une idée très-confuse, prétendent avoir existé
depuis des millions d'années. Il n'en est cependant pas de même du nombre prodigieux] de

jours qui , suivant les Indiens , se sont écoulés depuis le déluge jusqu'à l'époque de l'hégire. Ce nombre, dont parle Albumazar, d'après un auteur indien , est très-détaillé ; il n'a point l'air d'un nombre fait à plaisir , il est établi sur la longueur de l'année astrale , il prouve que les Indiens devoient avoir une connoissance approfondie des mouvemens du soleil et de la lune. Après avoir enfin établi que la période de 2484 ans, qu'on attribue à Aristarque , ne peut appartenir qu'aux Egyptiens , le but que je m'étois proposé dans cette dissertation étant rempli , c'est par là que je finirai. J'entre donc en matière ; et je vais commencer par discuter la tradition que nous a transmise Hérodote.

Cet historien, *livre* 2 *, article* 64 *de la traduction latine de Laurent Valla , édition de Francfort* 1595, rapporte , sur la foi des prêtres égyptiens, avec qui il avoit eu des conférences, lors de son voyage en Egypte , que depuis le premier roi qui avoit régné en Egypte , jusqu'à Séthon, prêtre de Vulcain, il y avoit eu trois cent quarante-une générations d'hommes, et qu'il y avoit eu autant de rois et autant de grands-prêtres ; trois générations font, selon Hérodote, 100 ans, trois cents générations font 10,000 ans ; il évalue les quarante-une générations restantes à 1340 ans ; il s'étoit donc écoulé,

selon lui , un intervalle de 11,340 ans. A la ri-
gueur cet intervalle auroit dû être de 11,366⅔
ans ; et en nombre rond on auroit dû plutôt
compter 11,370 que 11,340 : cette remarque
trouvera son application par la suite.

C'est pendant cette longue suite d'années
qu'Hérodote , sur la foi de ces mêmes prêtres ,
rapporte qu'on avoit vu quatre fois changer le
cours du soleil ; qu'on l'avoit vu deux fois se
lever à l'endroit où il se couchoit du tems de
notre auteur , et deux fois se coucher à l'endroit où il se levoit alors.

Ce passage singulier a donné la torture à tous
les savans qui ont tenté de l'expliquer ; avant
d'en entreprendre la discussion , il est, je crois,
nécessaire de le mettre en entier , sous les yeux :
le voici, d'après la traduction de Laurent Valla.

« *Ad hunc usque narrationis locum* , dit
Hérodote, *et Ægyptii et sacerdotes referebant,
demonstrantes à primo rege ad Vulcani sacer-
dotem hunc qui postremus regnavit, progenies
hominum fuisse trecentas quadraginta unam,
et totidem interea pontifices totidemque reges.
Trecentae autem progenies decem millia annorum valent (nam tres virorum progenies, cen-
tum anni sunt.) Una et quadraginta quae reli-
quae sunt ultra trecentas, sunt anni mille tre-*

centi quadraginta. Ita intrà decem millia (1) *trecentosque et quadraginta annos, negabant ullum deum formâ humanâ extitisse : ac ne in regibus quidem Ægypti qui aut priùs aut posteriùs extiterint, aliquid tale dicebant fuisse : sed intrà hoc tempus quater solem praeter consuetudinem fuisse ortum. Bis quidem illinc exortum, ubi nunc occidit : bis autem unde nunc oritur, illic occidisse; nec tamen sub haec aliquid in Ægypto esse immutatum, nec ea quae ex terrâ, nec ea quae è flumine ipsis proveniunt, nec quae ad morbos aut quae ad mortes pertinent.* »

Goguet, *Origine des lois et des sciences*, etc. *tome III, pag.* 504, a remarqué que cette tradition se retrouvoit chez plusieurs autres écrivains de l'antiquité, toujours, à la vérité, d'une manière assez confuse. « Platon raconte, dans un de ses dialogues, que le mouvement du firmament avoit changé, de manière que le soleil et tous les astres auroient commencé à se lever où ils se couchoient auparavant, et à se coucher où ils avoient coutume de se lever. En un mot, que la machine du monde s'étoit mue

____

(1) Il faut lire *undecim millia.* Cette leçon se trouve vérifiée par la traduction de Larcher, édit. de l'an XI, lib. II, parag. CXLII, pag. 118, où on lit, *onze mille trois cent quarante.*

tout d'un coup dans un sens contraire à celui dans lequel elle l'avoit fait jusqu'alors. Il accompagne ce récit d'un détail si bisarre des effets de ce bouleversement, et d'explications physiques si singulières, qu'il est aisé de voir qu'il ne parloit que d'après une tradition extrêmement confuse et embrouillée (1). On peut conclure aussi d'un passage de son Timée (2), où il rappelle en deux mots le même événement, que Solon, qui le premier en avoit donné la connoissance aux Athéniens, l'avoit puisée en Egypte, c'est-à-dire à la même source qu'Hérodote. Pomponius Mela parle aussi de la même tradition, ainsi que Plutarque, Diogène Laerce, Achille Tatias et plusieurs autres écrivains de l'antiquité. » Mais, dit Bailly, *tome premier de l'histoire de l'astronomie ancienne, liv. V des éclaircissemens astron.*, §. *XV* : « tous ces témoignages multipliés n'en composent qu'un seul, celui des Egyptiens; ou bien ils parlent comme Plutarque et Achille Tatius, d'un changement de la route du soleil, ce qui évidemment n'a été avancé par quelques philosophes que pour expliquer le cercle lumineux nommé *voie lactée*,

––––––––––––––

(1) Plat. in Politico, pag. 535, édit. Francf. 1602.
(2) In Tim., p. 1045.

qu'ils ont cru être les traces de cette ancienne
route : ce n'est donc pas une autorité. »

Goguet avoit fait tous ses efforts pour expliquer ce passage ; mais il s'en faut de beaucoup
qu'il en ait donné une solution satisfaisante.
Freret, sur la Chronologie de Newton , et plusieurs autres écrivains, ont discuté ce même
passage , dans les mémoires de l'Académie des
inscriptions et belles lettres, et leurs explications
ne lèvent aucune des difficultés que présente le
texte. Gibert , *Mémoires de Trévoux* , 1762 ,
p. 197 , a été plus heureux dans ses conjectu-
res ; il s'est servi de la période de 2855 années
solaires tropiques , pour tâcher de découvrir le
sens emblématique de ce passage ; quoiqu'il
n'ait pas tiré tout le parti qu'il auroit pu faire
de la période de 2855 ans , sa conjecture paroît
néanmoins plus soutenable que les applications
forcées qu'on a voulu y faire de plusieurs hypo-
thèses astronomiques.

Selon Gibert, le commencement de l'année
lunaire ne se trouve d'accord avec le commencement de l'année solaire, qu'au bout de 2855
années solaires tropiques , qui font précisément
2922 années lunaires. Cela n'est cependant vrai
qu'autant que l'année tropique seroit de 365
jours 5 heures 48 minutes 15 secondes , et que
le mois lunaire seroit de 29 j. 12 h. 44' 5'' ; car

en faisant l'année de 565 j. 5 h. 48′ 48″, telle qu'elle a été déterminée par les observateurs modernes, les 2922 années lunaires, ou les 55,054 lunaisons qui y répondent, seroient en avance sur la période de 2835 années tropiques de 25 h. 58′ 48″; la différence seroit bien plus considérable pour les tems anciens, à cause de l'accélération du mouvement de la terre dans son orbite autour du soleil. Quoi qu'il en soit, Gibert pense que dans le passage d'Hérodote, le mot *soleil* doit se prendre au figuré. Suivant le témoignage de Phavorinus, on disoit Ἥλιος, un soleil, pour dire un jour, une année (1). Gibert évalua, d'après Hérodote, les 341 règnes à 11,340 ans, à raison de 33 ans et un tiers pour chacun; et il observa que dans cet espace de tems, la période dont nous venons de parler s'étoit accomplie quatre fois; ainsi les quatre renouvellemens de cette période devoient donner, selon lui, pour ainsi dire, quatre levers du soleil ou quatre levers d'*année*, ou quatre commencemens d'années égyptiennes, au commencement de l'année lunaire. *Mais dans ces 11,340 ans, l'année avoit commencé deux*

____

(1) Encore aujourd'hui nous disons *d'un soleil à l'autre*, pour exprimer la durée d'un jour.

fois dans la saison où elle finissoit au tems d'Hérodote , et fini deux fois dans la saison où elle commençoit. Tel étoit, selon Gibert, le sens emblématique de ce passage. Bailly , Hist. de l'astr. anc. , *éclairc. astronomiques , liv. V,* §. *XVI ,* observe à ce sujet, et avec raison , qu'il ne faut point dire, pour expliquer ce qu'on rapporte du soleil, qu'il se levoit où il s'étoit couché , que l'année avoit commencé où elle finissoit. « C'est ce qui arrive , dit-il , à toutes les années quelconques; le dernier instant de l'année qui finit , est le même que le premier de l'année qui commence ; ce seroit dire que le commencement de cette année n'avoit point varié : il faut entendre, ajoute Bailly, que les saisons opposées avoient changé de place; c'est en effet ce qui arrive dans la période supposée par Gibert. »

L'explication que donne Bailly pour développer l'opinion de Gibert, n'est pas soutenable. En effet, si la période imaginée par Gibert se renouvelloit au bout de 2835 années tropiques , elle devoit donc recommencer dans la même saison , à la même distance des points équinoxiaux ou solsticiaux ; ainsi les saisons opposées n'avoient donc pas changé de place : il auroit, je crois , mieux valu avouer que l'explication de Gibert ne levoit aucune des difficultés que présentoit le passage d'Hérodote. Gibert étoit néanmoins sur la voie de la découverte. Si au lieu de regarder la période de 2835 années comme une suite d'*années tropiques*, il l'eût considérée comme une suite d'*années sydérales*, et qu'au lieu de les comparer avec des années lunaires, il les eût comparées avec 2837 années de 365 jours composant l'année vague ou l'année sacrée des Egyptiens, le passage d'Hérodote auroit offert alors un sens raisonnable. L'année vague, ou l'année sacrée, étoit de la plus haute antiquité chez les Egyptiens; c'étoit à elle qu'ils rapportoient l'année sydérale, et, par une conséquence nécessaire, l'année tropique. Le lever héliaque de Sirius ou de l'étoile caniculaire, et bien des siècles auparavant, le lever achronique de cette étoile, qui annonçoit le prochain débordement du Nil, indiquoit le premier jour de l'année rurale, qui devoit, par conséquent, être une année sydérale.

En comparant donc les 2835 années sydérales avec 2837 années vagues ou sacrées, j'ai trouvé que l'année sydérale qui en résultoit étoit de 365 j. 6 h. 10′ 47″,619. En effet, les 2837 années vagues donnent 1,035,505 jours, qui, divisés par 2835, donnent la quantité de 365 j. 6 h. 10′ 47″,619. Cette année approche beaucoup de celle qu'Albategnius, auteur arabe, attribuoit aux Chaldéens et même aux Egyptiens qui , selon lui , la faisoient de 365 j. 6 h. 11′ ; il n'y a que 12″ de différence sur celle que je viens de déterminer d'après la période de 2835 années. Il sera facile , d'après cela , de déterminer la durée qu'ils attribuoient à la révolution des fixes et la longueur de l'année tropique. 2835 années sydérales multipliées par 9 , donnent 25,515 années sydérales pour la révolution apparente des étoiles fixes , qui sont représentées par 25,516 années tropiques : et l'année tropique qui en provient est de 365 j. 5 h. 50′ 10″,816 ¾ ; la *précession des équinoxes* devoit donc être dans ces tems reculés de 50″,79166 par an , et pendant 100 ans elle devoit être de 1° 24′ 39″,166. Lalande , *seconde édit. de son Astronomie , art.* 2744, trouve qu'elle a dû être depuis l'an 0 jusqu'à l'an 100 de J.-C. , de 1° 24′ 36″,3 ; il n'y a que 2″,866 de différence sur cette détermination. Edouard Bernard , sans citer la source où il avoit puisé , assure , ainsi que le rapporte Bailly , §. *II du liv. V des Eclairciss. astr. , sur l'hist. de l'Astr. anc.* , que les prêtres d'Egypte faisoient le mouvement des étoiles de 50″ 9‴¼ , Bailly a de la peine à se rendre à ces deux autorités ; mais , quoi qu'il en dise , il paroît constant que la précession des équinoxes étoit certai-

nement bien connue des anciens Egyptiens : la
période de 2835 ans en est une preuve bien
convaincante.

Après avoir établi que 2835 années sydérales
répondent à 2837 années de 365 jours, il ne
sera pas difficile d'expliquer le passage d'Hérodote dont il s'agit. Gibert, comme nous l'avons
vu, avoit trouvé que 2835 années solaires tropiques répondoient à 2922 années lunaires, ou
à 35,064 mois lunaires ou révolutions synodiques de la lune. Eh bien ! les 2835 années sydérales, qui sont égales à 2837 années vagues,
répondent à 35,065 $\frac{1}{2}$ lunaisons, qui donnent
1,035,504 jours 21 h. 55′ 16″ $\frac{1}{2}$: les 2837 années vagues donnent 1,035,505 jours ; il s'en
faut donc de 2 h. 4′ 43″ $\frac{1}{2}$ que les 35,065 $\frac{1}{2}$ lunaisons ne donnent la même quantité. On voit
déja que si une période de 2835 années sydérales, ou de 2837 années vagues a commencé
avec la nouvelle lune, la période suivante a dû
commencer 2 h. 4′ 43″ $\frac{1}{2}$ avant la pleine lune ;
que la troisième période a dû commencer 4 h.
9′ 27″ avant la nouvelle lune ; qu'il ne s'en seroit fallu que de 6 h. 13′ 10″ $\frac{1}{2}$ pour que la
quatrième période eût commencé avec la pleine
lune, et de 8 h. 18′ 54″ pour que la cinquième
période eût commencé avec la nouvelle lune,
ainsi de suite.

Pour ramener le commencement de chaque période de 2835 années sydérales alternativement avec les nouvelles et les pleines lunes, il ne faut faire qu'une légère correction à la révolution synodique de la lune. J'ai trouvé, en divisant le nombre de jours que contiennent 2835 années sydérales, ou 2837 années vagues par 35,065 $\frac{1}{2}$ lunaisons, que la révolution synodique qui en provient est de 29 j. 12 h. 44′ 3″,2134, qu'ainsi la révolution de la lune, par rapport à l'équinoxe, se trouve être de 27 j. 7 h. 43′ 5″,54, ce qui semble indiquer une accélération dans le mouvement de la lune, et cela est conforme aux observations.

J'ai prouvé que 2835 années sydérales font 2837 années vagues ; j'ai prouvé que ces deux périodes contenoient 35,065 $\frac{1}{2}$ lunaisons ; j'ai donc prouvé que si l'une de ces périodes avoit commencé avec la nouvelle lune, l'autre avoit commencé avec la pleine lune, ainsi de suite ; de là on doit conclure que la première période ayant commencé avec la nouvelle lune, si on suppose que le soleil et la lune passoient alors au méridien, la lune et le soleil se seroient levés et couchés ce jour-là à la même heure ; que la seconde période ayant commencé avec la pleine lune, le soleil se levoit lorsque la lune se couchoit, et qu'il se couchoit lorsque la lune se levoit ; que la troisième période ayant commencé avec la nouvelle lune, le soleil s'est levé et couché en même tems que la lune ; qu'au commencement de la quatrième période le soleil s'est levé lorsque la lune s'est couchée et *vice versâ* ; et qu'enfin au commencement de la cinquième période le soleil s'est levé et couché en même tems que la lune. Or, comme dans l'espace de 11,340 ans, composant les quatre périodes de 2835 années, le soleil, sans parler de son lever et de son coucher au commencement de la première période, qui doivent être considérés comme un lever et un coucher ordinaires auxquels on doit rapporter ceux qui ont eu lieu ensuite ; or, dis-je, comme dans cet espace de 11,340 ans le soleil, au renouvellement de chaque période de 2835 ans, s'est levé et couché deux fois avec la lune, et qu'il s'est levé deux fois lorsque la lune s'est couchée, et qu'il s'est couché deux fois lorsque la lune s'est levée, ces quatre renouvellemens donnent donc quatre levers et quatre couchers différens du soleil, ou quatre commencemens d'années égyptiennes répondantes aux commencemens des années sydérales, et qui coïncidoient avec les nouvelles et les pleines lunes alternativement. Ce sont ces quatre levers du soleil qui ont eu lieu pendant 11,340 ans, que les prêtres égyptiens, qui ne s'expliquoient jamais que d'une manière mystérieuse et énigmatique, en enveloppant leurs connoissances sous des hyéroglyphes et des emblèmes ; ce sont, dis-je, ces quatre levers du soleil qu'ils ont voulu faire passer pour des levers extraordinaires.

Pour rendre encore ce fait plus merveilleux, les prêtres égyptiens assurèrent à Hérodote que lorsque ces choses sont arrivées, il n'y avoit cependant rien eu de changé en Egypte ; que tout ce qui provenoit de la terre et du Nil, ainsi que tout ce qui avoit trait aux maladies, n'avoit subi aucun changement. , *nec tamen sub haec*, est-il dit dans la traduction de Laurent Valla, *aliquid in Ægypto esse immutatum, nec ea quae ex terrâ, nec ea quae è flumine ipsis proveniunt, nec quae ad morbos, aut quae ad mortes pertinent.*

Cette circonstance est décisive ; elle seule fait disparoître le prodige que ces prêtres cherchoient à accréditer. En effet, que la terre, au lieu de continuer de faire sa rotation d'occident en orient, vienne tout-à-coup à la faire d'orient en occident, ce qui doit nécessairement arriver pour que les astres puissent se lever où ils se couchent actuellement, ou pour qu'ils se couchent là où ils se lèvent ; quel affreux bouleversement n'en résulteroit-il pas sur la surface

du globe que nous habitons ? Il n'est pas possible de s'en faire une idée ; la mer sortant de
ses limites submergeroit tous les lieux habités ;
les hommes, les animaux périroient tous, et
cependant dans le récit des prêtres égyptiens,
rien de tout cela n'est arrivé ; selon eux, il n'y
a rien eu de changé dans la nature ; ne faut-il
pas conclure de cette tradition que les quatre
levers du soleil qui ont eu lieu pendant le cours
de 11,340 ans, n'avoient rien eu d'extraordi-
naire, qu'ils n'appartenoient réellement qu'au
retour d'une période, et que cette période est
celle de 2855 années sydérales, combinée avec
celle de 2837 années vagues ? Je ne sais si je
me trompe, mais il me semble que j'ai trouvé
le mot de l'énigme.

La fin des 11,340 ans pendant lesquels avoient
régné 341 rois en Egypte, et pendant lesquels
341 grands pontifes avoient siégé, se termine à
Séthon, qui a régné 720 ans avant J.-C. Le
commencement de la première période a donc
dû avoir lieu 12,060 ans avant l'ère vulgaire.

Dupuis a prouvé, dans son savant mémoire sur l'origine des constellations, que dans
l'ancien calendrier des Egyptiens, le capricorne
a occupé le point solstitial de l'été ; qu'ainsi la
balance étoit alors à l'équinoxe du printems,
et le bélier à l'équinoxe d'automne. Il a rassem-

blé des preuves multipliées à l'appui de son système ; preuves auxquelles il est impossible de pouvoir résister, tant elles sont fortes et lumineuses. Eh bien ! la période de 11,340 ans vient encore à l'appui de ce système : en adoptant la précession des équinoxes telle que je l'ai établie ci-dessus , d'après la période de 2835 années sydérales , et en supposant que l'étoile г du bélier étoit en 1750 , suivant la Caille, en 0^s. 29° 41′ 36″,8, je trouve que cette étoile a dû coïncider avec le point équinoxial du printems 355 ans avant l'ère vulgaire, et que lorsqu'elle s'est trouvée au point équinoxial de l'automne , il s'étoit écoulé 12,758 ans, ce qui fait 13,113 ans avant J.-C. ; qu'ainsi le signe du bélier s'est trouvé au point équinoxial de l'automne , 1053 ans avant l'époque où a dû commencer la première période de 2835 ans. Dans le fait, cela devoit être ainsi ; il falloit , avant tout, faire la division du zodiaque en douze signes ; il falloit déterminer , d'une manière précise, les points équinoxiaux et solsticiaux ; cette opération faite , on ne pouvoit connoître que plusieurs siècles après s'ils avoient changé de place , et onze cents ans d'observations ont dû instruire les Egyptiens que ces points avoient alors rétrogradé de plus de quinze degrés.

La précision avec laquelle on déduit de la période de 2835 ans la précession des équinoxes, les longueurs des années sydérales et tropiques, ainsi que la durée des mois lunaires et de la révolution tropique de la lune, tout nous porte à croire que les Egyptiens, ou leurs voisins, les Ethyopiens, ont été les premiers peuples qui ont cultivé l'astronomie, et qu'ils ont même fait des observations très-exactes : le mémoire de Dupuis constate la vérité de ces faits d'une manière si évidente, qu'il est impossible de pouvoir les révoquer en doute, et s'il pouvoit en rester, l'existence de la période de 2835 année sydérales, ou de 2837 années vagues acheveroit de le dissiper. Ce qui nous reste à dire sur les autres périodes égyptiennes mettra cette vérité dans tout son jour.

La période que je viens d'examiner, d'après la tradition que nous a transmise Hérodote, s'accorde avec les phénomènes célestes ; elle ne peut donc être l'effet du hasard ; au surplus, si elle a été imaginée après-coup par les prêtres égyptiens, il faut avouer que du tems d'Hérodote, tems auquel l'astronomie n'étoit pas cultivée avec autant de soin que dans les siècles antérieurs ; il faut avouer, dis-je, que ces prêtres auroient été encore bien instruits pour fabriquer une période qui se concilie si bien avec les observations des mouvemens célestes. Cette opinion n'est donc pas soutenable.

J'ai observé que les 341 générations dont parle Hérodote, et dont trois, selon lui, faisoient 100 ans, auroient dû produire $11,366\frac{2}{3}$ ans, ou en nombre rond 11,370 ans qui en approchoient davantage; pourquoi les prêtres égyptiens s'en sont-ils tenus à 11,340 ans? si ce n'est par la raison qu'ils connoissoient par les observations dont ils étoient dépositaires, que la période de 2835 années sydérales coïncidoit avec la période de 2837 années vagues; année dont on n'a jamais cessé de faire usage en Egypte, et qui a toujours été regardée comme l'année sacrée, et à laquelle il n'étoit pas permis de faire aucun changement. « Cette année, dit Bailly, *liv. VI*, §. *VII de l'hist. de l'Astr. ancienne*, servoit de règle pour les fêtes, les sacrifices qui se célébroient à certains jours marqués; ainsi ces fêtes, ces sacrifices rétrogradoient continuellement et parcouroient les différens jours de l'année. Les Egyptiens, ajoute-t-il, bien loin de corriger ce défaut, y attachèrent une espèce de superstition : ils avoient en horreur toute espèce d'intercalation, et croyoient bénir, faire prospérer toutes les saisons en les faisant jouir tour-à-tour de la fête d'Isis, qui se célébroit en même tems que celle de la canicule. »

Je devrois finir par ce passage, mais je crois devoir faire une autre observation sur la période de 2855 ans, en supposant actuellement que ce sont des années tropiques.

Il a été observé plus haut que la période de 2855 années tropiques paroissoit correspondre à 2922 années lunaires qui font 35064 lunaisons. Nous avons vu qu'en faisant le mois lunaire de 29 j. 12 h. 44' 5'', il en résultoit une année tropique de 365 j. 5 h. 48' 15'', plus courte de 33'' que celle que l'on observe actuellement. En examinant de près cette période et le nombre de lunaisons qu'elle contient, on voit que ces deux quantités sont divisibles par 9 ; ainsi 315 ans répondent, par cette raison, à 3896 lunaisons ; or 315 années de 365 j. 5 h. 48' 48'' donnent 115,051 j. 7 h. 12', et les 3896 lunaisons donnent 115,051 j. 4 h. 18' 48'', qui sont plus petites seulement que la période de 315 ans, de 2 h. 53' 12''. Cette période est beaucoup plus exacte pour ramener les pleines et les nouvelles lunes au même jour que le cycle de 19 ans, qui au bout de 315 ans doivent anticiper de plus d'un jour.

Cette période de 315 ans a encore un avantage, c'est qu'elle ramène, ainsi que la période de 18 ans 10 à 11 jours, les éclipses de soleil et de lune dans le même ordre ; pour cela, il

(25)

ne faut qu'ajouter une lunaison ; ainsi les 315
années et une lunaison de plus donnent 115,080
jours 17 h. 2′ 51″, à 2 h. 53′ 12″ près de la
durée des 3897 lunaisons que comprend cette
période. Pendant ce tems-là le soleil a parcouru
le zodiaque 315 fois avec 29° 6′ 24″, et la lune
l'a parcouru 4212 fois avec 29° 16′ 25″ de
plus ; le nœud a parcouru 16 fois le zodiaque
et 334° 8′ 3″ ; de sorte qu'il ne s'en faut que
25° 51′ 57″ qu'il ne l'ait parcouru 17 fois. La
lune, au bout de ce tems est éloignée, de son
apogée de 28 à 29° ; il se trouve donc d'après
cela qu'il n'y a que 3° 24′ 27″ de différence
entre le lieu moyen de la lune et le lieu du nœud
lors des nouvelles et pleines lunes : cela doit
nécessairement ramener les éclipses.

On connoît donc actuellement quatre périodes qui ramènent les éclipses dans le même
ordre ; la période de 18 ans 10 à 11 jours, ou
de 223 mois lunaires ; celle de 521 ans juliens,
celle de 2362 ans 16 j. 5 h. 5′ juliens contenant
29,215 révolutions de la lune au soleil, et enfin
celle de 315 années tropiques et une lunaison ;
cette période est à la vérité moins exacte que
les trois premières ; au bout de quatre et même
de trois révolutions de 315 ans, une éclipse
de lune qui auroit été centrale, cesse d'avoir
lieu, tandis que dans la période de 521 ans ju-

liens, les éclipses de lune peuvent se succéder pendant 12 ou 15 révolutions, et que dans celle de 18 ans les pleines lunes ne cessent d'être écliptiques qu'après 24 et même 30 de ces révolutions ; cependant cette période peut avoir son utilité. Quoique cela soit étranger à l'objet que je me suis proposé de traiter, j'ai cru, par cette raison, que je ne devois pas le passer sous silence. Reprenant le cours de la narration, je vais actuellement passer à la discussion de l'ancienne chronique des Egyptiens.

Il paroît prouvé que les 11,340 ans dont parle Hérodote, pendant lesquels il y a eu 341 générations d'hommes, autant de rois et de grands prêtres, appartiennent réellement à une période astronomique ; cette période, comme on l'a vu, est liée au mouvement du soleil et de la lune, ainsi qu'à celui qu'on attribuoit aux étoiles. L'ancienne chronique des Egyptiens, qui ne nous est connue que par le rapport de Georges Syncelle, nous indique une période à-peu-près semblable à celle d'Hérodote ; elle paroît composée à-peu-près sur les mêmes principes, puisque partie de cette période contient trente dynasties et 113 générations ; cette chronique remontoit à des tems immenses ; elle renfermoit dans son étendue un espace de 36,525 ans pendant lequel avoient régné, 1°. les

Aurites ; 2°. les Mestréens; 5°. et enfin les Egyptiens.

« *Fertur apud Ægyptios vetus quoddam chronicon*, dit George Syncelle en sa chronographie, page 51, *continens dynastias XXX in generationibus CXIII immensum temporis spatium, videlicet annorum 56,525. Primo quidem Auritarum, secundo Maestreorum, tertio Ægyptiorum.* » Par les *Aurites* on doit entendre les Dieux ; par les *Mestréens*, les Héros, ou les demi-dieux, et par les *Egyptiens* on doit entendre les hommes qui selon la tradition avoient successivement régné en Egypte.

Georges Syncelle parle ensuite de la durée des règnes des dieux et des demi-dieux. « Sans parler, dit-il, du règne de Vulcain, dont il n'est pas question dans cette chronique, le règne du Soleil est de trente mille ans ; celui de Saturne et des autres dieux est de 5984 ans. Aux dieux succèdent ensuite les demi-dieux au nombre de huit, et leur règne a été de 217 ans ; après quoi commencèrent les quinze générations du cycle caniculaire de 443 ans : » rapportons ici le texte:

« *Deorum regnum juxtà vetus chronicon*, dit Georges Syncelle ; *Vulcani tempus non assignatur. Sol regnavit triginta annorum millibus ; tum Saturnus ac reliqui XII dii praefue-*

*runt annis ter mille nonagentis octoginta qua-
tuor. Deinde reges fuerunt VIII semi-dei per
annos ducentos septemdecim* , et la chronique
ajoute ; *post hos recensentur generationes XV
cycli canicularis annis quadringintis quadraginta tribus.* »

Cette chronique, qui porte le nom de *vieille* ,
n'est pas aussi ancienne qu'on pourroit le croire ;
Marsham ne la croit pas antérieure au tems
des Ptolémées ; elle s'étend en effet jusqu'à la
fuite de Nectanebus, qui arriva 15 ans avant le
règne d'Alexandre , 546 ans avant J.-C. Cet
auteur prétend que cette prodigieuse antiquité
des Egyptiens vient de ce que leur chronique
étoit plutôt astronomique qu'historique.

Syncelle , qui nous a conservé cette chronique , paroît aussi être de ce sentiment ; il prétend que les 56,525 ans qui se sont écoulés
entre le règne du soleil et celui de Nectanebus,
étoient *la période de la restitution du point
équinoxial au premier degré de la constellation
du bélier.* Bailly , *liv. des Eclairciss. astron. ,
§. XII, astron. anc.* , estime, d'après Fréret ,
que les anciens ont connu le mouvement des
étoiles fixes en longitude , et qu'ils avoient cru
qu'il étoit d'un degré en cent ans ; c'est pourquoi les Grecs , dont le cercle étoit divisé en
360 degrés , comptoient 36,000 ans pour cette

révolution. Ptolémée, d'après les observations d'Aristylle, de Thymocaris et d'Hipparque, ne faisoit lui-même ce mouvement que d'un degré par siècle. « Les Egyptiens, dit à ce sujet Bailly, durent l'estimer de 36,500 ans, parce qu'ils divisèrent leur cercle en 365 degrés, comme font les Chinois, et leur année étant plus courte d'un quart de jour que l'année solaire vraie, ils durent encore y ajouter 36,500 quarts de jours ou 25 années égyptiennes. » Cette idée appartient à Proclus ; suivant cet auteur, ainsi que nous l'atteste Bailly, « la révolution des fixes est de 36,525 et non de 36,000, parce que le mouvement circulaire des fixes n'est point d'un degré précisément, mais d'une partie du cercle divisé en 365 parties et un quart. »

La longue période de 36,525 ans embrasse-t-elle une révolution du mouvement des fixes en longitude? Cette conjecture, toute ingénieuse qu'elle peut être, a paru cependant dénuée de tout fondement à Bailly lui-même ; il faut donc lui chercher une autre origine.

Les Egyptiens, lorsqu'ils ont imaginé la fameuse période de 11,340 ans dont parle Hérodote, devoient connoître la vraie durée de la révolution des fixes. D'après l'explication que j'ai donnée de ce fameux passage, on a vu que l'année sydérale qui en résultoit devoit être de 365 j. 6 h. 10′ 47″.619; j'en avois conclu que l'année tropique qui y correspondoit étoit de 365 j. 5 h. 50′ 10″,816 $\frac{3}{4}$, que le mouvement en précession devoit être, suivant les Egyptiens, de 50″79166 par an, et la précession séculaire de 1° 24′ 39″,166; ainsi la révolution apparente des fixes devoit s'effectuer en 25,516 années tropiques. Pour avoir formé une période semblable, il falloit posséder des connoissances très-approfondies en astronomie, qui ne pouvoient être que le résultat de plusieurs siècles d'observations. La fameuse période de 36,525 ans, ainsi qu'on le verra dans le cours de la présente dissertation, en offrira encore une preuve bien frappante. Les prêtres égyptiens qui étoient les dépositaires des sciences, qui ont imaginé cette période postérieurement à celle dont parle Hérodote, ont cherché à l'ajuster avec leur chronologie. En établissant leur système chronologique sur cette longue période, on voit que l'ancienne chronique qui en embrasse toute l'étendue et qui se termine à Nectanebus, quoique, suivant Bailly, elle lui paroisse assez détaillée pour faire croire que ce soit une véritable chronique, se réduit cependant à un calcul, et c'est ce que je vais prouver d'une manière évidente. Pour comprendre ce que j'ai à dire à ce sujet, il sera, je crois, nécessaire d'examiner les différentes années qui étoient en usage en Egypte , leurs formes et la période sothique qui en est résultée : cet examen ne peut que jeter du jour sur les observations que j'aurai à faire sur la chronique ancienne des Egyptiens , et sur toutes les parties qui la composent.

L'année solaire a été dans l'origine de 360 j. ; les anciens astronomes ne furent pas longtems à s'appercevoir qu'elle s'écartoit de cinq jours de la véritable révolution du soleil ; ces cinq jours , nommés *épagomènes* , furent ajoutés à la fin de l'année aux douze mois de trente jours. Nous avons adopté , par notre nouveau calendrier , cette ancienne forme d'année. Les débordemens du Nil, qui commencent tous les ans à la même époque , vers le solstice d'été , sont la cause de la fécondité de l'Egypte : les premiers peuples qui s'établirent le long de ce fleuve durent s'attacher à connoître et à prévoir les tems de ces débordemens , pour pouvoir régler les travaux de l'agriculture : ils durent donc chercher un signe dans le ciel pour leur servir d'indication.

« On s'apperçut, dit *Bailly* , §. *VI du liv. VI de l'Astron. ancienne*, *tome premier* , que quelque tems avant le débordement une très-belle étoile se montroit, le matin, du côté de l'orient ,

avant le lever du soleil : elle ne faisoit que pa-
roître ; elle étoit presque aussitôt effacée par
l'éclat de l'aurore naissantes ; comme elle sem-
bloit, ajoute-t-il, ne se montrer que pour avertir, on l'a nommée *Taaut*, c'est-à-dire le chien,
d'où elle retint le nom de canicule ; on la nom-
me encore l'étoile du Nil, *Sihor*, *Siris*, et de
là *Sirius*, qui est le nom qu'elle porte aujour-
d'hui. Cette étoile devint le signe public sur lequel chacun devoit avoir les yeux pour préparer
les vivres nécessaires pendant le tems de l'inon-
dation qui devoit avoir lieu pendant plusieurs
mois, et pour ne pas manquer le moment de se
retirer sur les lieux élevés. On peut donc penser que ce phénomène important, d'où dépen-
doit le salut des Egyptiens, fut toujours observé
avec soin. »

C'est du lever de cette étoile que les Egyptiens partirent pour faire commencer la période
sothique au solstice d'été. Fréret plaçoit le commencement d'une de ces périodes, l'an 2782
avant J.-C., tems où le lion étoit à ce solstice ;
mais Dupuis, dans son savant mémoire sur
l'origine des constellations, qui se trouve à la
suite de son grand ouvrage sur l'origine des
cultes, ou la religion universelle, prouve que
cette période, qui est de la plus haute antiquité,

a dû commencer plus de 15,000 ans avant l'ère vulgaire.

Selon cet auteur, l'origine du zodiaque appartient aux Egyptiens. La balance, cette image naturelle de l'égalité des jours et des nuits, a été placée à l'équinoxe du printems; cette nouvelle position de la sphère, en renversant tout, remettoit tout à sa place, parce qu'alors le zodiaque devenoit le calendrier le plus frappant du climat de l'Egypte, et convenoit à ce pays exclusivement à tout autre. Les trois premiers signes, à compter du solstice d'été, étoient évidemment symboles de l'eau. En effet, le capricorne représenté avec une queue de poisson, ou uni au corps d'un poisson, ceux du verseau et des poissons peignoient de la manière la plus claire l'état de l'Egypte qui étoit alors couverte des eaux du Nil; les autres signes étoient relatifs aux travaux de la campagne, aux tems des labours, des semences, des récoltes; ils indiquoient aussi les saisons de l'année, et cet ordre de choses ne pouvoit convenir qu'à l'Egypte seule.

Malgré ce bouleversement de la sphère où tous les signes se trouvoient placés relativement aux points équinoxiaux et solsticiaux, dans un ordre absolument inverse de celui qu'ils pouvoient avoir environ trois cents ans avant l'ère vulgaire, ayant trouvé que dans le tems du solstice d'été , et lorsque le soleil entroit dans le signe du capricorne, Sirius se levoit le soir presqu'au midi de l'Egypte, avec une amplitude de 75 degrés et un arc sémi-diurne d'environ une heure et demie , et que cette étoile , après une courte apparition , se replongeoit sous l'horison , il en conclut, avec juste raison , que dans ces tems reculés Sirius a dû annoncer pour Thèbes et toute la haute Egypte , le débordement du Nil. « Cette étoile, dit à ce sujet Dupuis, venoit à l'approche de la nuit avertir le peuple égyptien de se tenir sur ses gardes; c'étoit le fidèle moniteur qui, tous les ans, à la même époque , renouvelloit cet avertissement. » Ce n'étoit donc point le lever héliaque de Sirius qui a commencé à annoncer le débordement du Nil ; ce débordement avoit été annoncé dix mille ans auparavant par son lever achronique ; et c'est de cette époque qu'il faut partir pour fixer le commencement de la première période sothique ou caniculaire.

Les Egyptiens ayant donc observé , dans ces tems reculés , le lever achronique de Sirius, ils ne tardèrent pas à connoître que l'année de 565 jours devoit être en défaut d'un quart de jour tous les ans , par le changement du lever de l'étoile caniculaire, et que tous les quatre ans ce lever devoit retarder d'un jour. « Les Egyptiens, dit Bailly à ce sujet, en firent une petite période de quatre ans, qui étoit précisément celle de notre année bissextile ; le commencement de l'année civile arrivoit donc, tous les quatre ans, un jour plutôt que le renouvellement de la révolution du soleil : cette année étoit vague, et ses différentes parties répondoient successivement à différentes saisons de l'année solaire. »

Malgré le défaut dont cette année étoit atteinte, les Egyptiens, ainsi que nous l'avons déja observé, ont toujours continué à en faire usage ; ce fut elle qui servit à régler leurs fêtes et leurs sacrifices ; cette année vague ne pouvoit donc servir à régler les travaux de la campagne. « L'agriculture, dit encore à ce sujet Bailly, dépend des saisons qui, dans cette forme d'année, étoient mobiles. Le tems des labours, des semailles, des récoltes étant déterminé par celui des débordemens du Nil ; ils avoient une autre année qui commençoit le jour du lever de la canicule et annonçoit ce débordement ; la première étoit civile et religieuse, celle-ci étoit rurale. » De là qu'en devoit-il résulter ? Que tous les quatre ans le commencement de l'une de ces années devoit s'éloigner d'un jour du commencement de l'autre. L'année religieuse ou civile parcouroit alors l'année rurale, en anticipant d'un jour tous les quatre ans ; ainsi

au bout de quatre fois 365 ans, après 1460 années rurales ou 1461 années civiles, ces deux
années devoient recommencer ensemble le même
jour ; cela n'étoit cependant pas exactement vrai.
le mouvement apparent des étoiles en longitude
devoit nécessairement y apporter des modifi-
cations.

Les Egyptiens ont dû connoître le défaut de
cette période ; en effet, la période de 2835 années sydérales que l'on a vu répondre à 2857
années vagues, et celle de 3555 années vagues
qui répond, ainsi qu'on le verra ci-après, à
3552 ½ années sydérales, prouvent que les Egyptiens connoissoient que dans le premier cas
1417 ½ années sydérales valoient 1418⁷ années
vagues, et dans le second cas, que 1422 années
vagues étoient représentées par 1421 années sydérales. Malgré le défaut dont le cycle caniculaire étoit frappé, ils ont toujours continué
d'en faire usage ; mais il est à croire qu'on faisoit dans ces tems reculés des corrections pour
faire coïncider ce cycle avec les années sydérales,
et même avec les révolutions du soleil par rapport
aux points équinoxiaux et solstitiaux, parce
qu'en adoptant l'année sydérale, les levers de
l'étoile qu'on prenoit pour indiquer les débordemens du Nil, ne pouvoient plus servir à cet
usage après un laps de tems considérable, la

revenant plus dans la même saison. Il falloit donc avoir recours à une autre étoile ,
et c'est ce qui , selon les apparences, a été fait ;
on peut à cet égard consulter le mémoire de
Dupuis sur l'origine des constellations , dont j'ai
déja fait usage plusieurs fois; quoi qu'il en soit ,
cette période de 1461 années vagues a été célè-
bre chez les Egyptiens ; ils lui avoient donné
les noms de *grande année*, *d'année de dieu* ou
de thot , *d'année sothique* ou *caniculaire*, et
c'est aussi ce qui fait dire à Bailly que la 1461ᵉ
année étoit une année de renouvellement , d'a-
bondance et de joie.

Ce qui dut encore attacher le peuple égyptien
à cette période , c'est qu'elle paroissoit se renouveller après un nombre complet de révolutions lunaires, et qu'ainsi elle paroissoit recommencer avec les mêmes phases de la lune. Les
1461 années vagues donnent 533,265 jours ; et
18,058 lunaisons, en les supposant de 29 j. 12 h.
44′ 3″, fournissent 533,265 jours 9 h. 54′ 54″,
qui ne s'éloignent de la quantité de jours que
contient cette période, que de 1 j. 14 h. 25′
6″ ; cette quantité, divisée par le nombre de lunaisons que comprend cette période , il en résulteroit que la révolution de la lune au soleil
seroit de 7″,66 plus longue que celle qui résulte des observations modernes; la période de

225 mois lunaires, qui étoit connue des Egyptiens, la suppose de 29 j. 12 h. 44' 7" $\frac{1}{7}$, il n'y auroit que 5" de différence ; si l'on admet que les Egyptiens ont fait usage de cette révolution, on trouveroit alors que 18,058 mois lunaires s'accorderoient avec la période de 1461 ans, en anticipant seulement de 15 h. 50' 45". Cette période, toute défectueuse qu'elle étoit, devoit donc être précieuse aux Egyptiens, 1°. parce qu'elle étoit liée avec l'année civile ou religieuse : 2°. parce qu'elle paroissoit aussi liée avec les révolutions lunaires , puisque la seconde période , qui ne se renouvelloit qu'après un certain nombre de révolutions complettes de la lune au soleil , commençoit, ainsi que la première, lorsque la lune présentoit les mêmes phases. Cette dernière remarque n'a été faite, que je sache, par aucun des auteurs qui ont parlé de la période sothique : elle n'auroit pas dû leur échapper.

Mais quoi qu'il en soit de cette longue période, les Egyptiens, après plusieurs siècles d'observations, durent enfin s'appercevoir que la révolution du soleil, rapportée à l'étoile caniculaire, qu'ils ne faisoient que de 365 jours et un quart, étoit plus longue de quelques minutes ; ils durent en conclure aussitôt que cette étoile devoit avoir un mouvement en longitude suivant l'ordre des signes ; après avoir déterminé, par une longue suite d'observations , faites avec le plus grand soin pendant plusieurs siècles , la longueur de cette année , ils durent enfin connoître la quantité du mouvement des étoiles en longitude ; ils purent enfin en conclure la révolution des fixes , et c'est aussi ce qu'ils ont fait ; car enfin les périodes qu'ils ont imaginées : celle de 11,340 ans qui contient celle de 2835 ans ; celle de 56,525 ans qui en contient plusieurs autres que nous allons développer ; celle de 3555 ans , et enfin celle de 443 ans qui paroissent faire partie de la grande période de 36,525 ans , ou de la vieille chronique , en fournissent une preuve sans réplique.

La période sothique, que je viens d'examiner étoit donc de la plus haute antiquité ; elle remontoit à des milliers de siècles avant l'époque que lui assigne Fréret ; cette période paroissoit même s'accorder avec les mouvemens du soleil et de la lune ; les Egyptiens , comme bien d'autres peuples, ont dû tenter la conciliation des mouvemens du soleil et de la lune avec la forme de leur année civile ; aussi , eurent-ils une petite période de 25 de leurs années civiles et vagues de 365 jours , qui embrassoit assez exactement 309 révolutions de la lune à l'égard du soleil. Tous les auteurs nous apprennent que la vie du bœuf Apis étoit limitée à 25 années vagues, parce qu'il étoit consacré au soleil et à la lune. En effet, 25 années vagues de 365 jours chacune, font 9125 jours, et les 309 révolutions de la lune à l'égard du soleil, donnent 9124 jours 22 h. 51′ 27″; il n'y a que 1 h. 8′ 33″ de différence. Au bout de 25 années vagues, ainsi que le remarque Bailly, les nouvelles et pleines lunes revenoient bien aux mêmes jours de cette année, mais elles ne se retrouvoient pas au même point du zodiaque; d'ailleurs, elles ne s'accordoient pas avec la vraie révolution du soleil; « ce fut pour y parvenir, dit Bailly, *liv. VI, §. IX de l'hist. de l'Astr. ancienne*, que les Egyptiens multiplièrent alors leur période caniculaire de 1461 années vagues par 25, et ils eurent par ce moyen une grande période de 56,525 ans, après laquelle ils comptoient que le lever de la canicule, le commencement de l'année solaire, les nouvelles et les pleines lunes retomboient aux mêmes jours et aux mêmes heures de l'année vague; période plus curieuse qu'utile, ajoute aussitôt Bailly; sa longueur excessive l'empêchoit d'être d'aucun usage : on en concluoit, dit encore le même auteur, *§. XIII, liv. V des éclairc.*, que le nombre des années de l'ancienne chronique, n'étoit que le nombre des années de cette grande période. Syncelle paroît favoriser cette explication, puisqu'il dit que la révolution de 36,525 ans se résout en 1461, en la divisant par 25 ; mais, dit Bailly, ce ne peut être qu'une réflexion, parce que , selon lui , une période aussi longue ne pouvoit être d'aucun usage ni civil ni astronomique, et qu'en second lieu l'ancienne chronique lui paroissoit assez détaillée pour croire que c'étoit une véritable chronologie et non pas un calcul. »

Sans entrer dans la discussion de savoir si l'ancienne chronique des Egyptiens est une véritable chronologie ou non , ce qui nous meneroit trop loin , ce que nous allons dire prouvera suffisamment que cette chronique a été divisée en plusieurs périodes qui s'accordent parfaitement avec les années vagues et sydérales qui étoient en usage chez les Egyptiens ; nous prouverons en outre que ces différentes périodes s'accordent avec les révolutions de la lune, auxquelles toutes ces périodes étoient comparées ; tel est le but que nous nous proposons dans l'examen de l'ancienne chronique égyptienne.

Nous ne parlerons pas ici de la longueur totale de la période de 36,525 ans ; en supposant que l'année est de 365 jours , cette période immense contiendroit 451,451 lunaisons , une lunaison de plus ou de moins n'influeroit pas sensiblement sur la longueur du mois lunaire ; il n'en résulteroit que 5 à 6 secondes de différence ; nous en dirons autant de la durée du règne qu'on attribue au soleil ; on ne peut, à cause de la durée excessive de la période, en tirer un parti avantageux pour le système que nous avons embrassé, à moins qu'on ne veuille dire que la période de 30,000 ans est composée de 50 périodes de 600 ans ; mais cette période ne pourroit se rapporter à la révolution de 600 années tropiques dont les peuples anciens pouvoient faire usage, ainsi que le pense Bailly, avant l'époque qu'on assigne au déluge, parce que les Égyptiens, dans toutes les périodes qu'ils ont composées, n'ont jamais comparé les années vagues ou sacrées, qu'avec les années astrales, et qu'il paroît que l'année tropique ne leur a jamais servi de terme de comparaison ; quant aux 6525 ans qui restent, en les supposant vagues, comme un nombre complet de révolutions lunaires, ne mesure point ce long espace de tems : nous allons passer à l'examen des autres périodes que le cycle de 36,525 ans peut encore renfermer.

L'ancienne chronique des Égyptiens attribue au règne de Saturne et à ceux des autres dieux 3984 ans ; ce sont des années vagues que renferme cette période ; elle contient 1,454,160 jours ; pendant ce long espace de tems il y a eu 49,242 ½ lunaisons de 29 j. 12 h. 44′ 2″,84 ; cette révolution de la lune au soleil qu'on en déduit, approche beaucoup de celle qui est déterminée par les observations modernes ; il n'y a que 0″,16 de différence et même moins. Si on suppose actuellement que la révolution lunaire soit de 29 j. 12 h. 44′ 3″, on trouve 1,454,160 jours + 2 h. 12′ 7″½ ; les 49,242 ½ lunaisons n'excèdent donc le nombre de jours donné par la période, que de 2 h. 12′ 7″½. Si la première période a commencé avec la nouvelle lune, la seconde s'est renouvelée à la pleine lune, et ainsi de suite alternativement : en la doublant, on auroit une période de 7968 ans, pendant laquelle la lune auroit fourni 98,485 mois lunaires. Le double de cette période donne donc un certain nombre complet de lunaisons ; on peut découvrir les années sydérales auxquelles cette période peut appartenir. De ce que la période est représentée par des années vagues, il en doit résulter que dans son étendue elle doit renfermer moins d'années sydérales et même d'années tropiques que d'années vagues. Ainsi, 3981 années sydérales de 365 j. 6 h. 11′ 7″,57, plus 69 jours donnent le même nombre de jours que les 3984 années vagues ; il en est de même de l'année tropique ; en la faisant de 365 j. 5 h. 50′ 51″,997 , la période contient alors 3981 de ces années , plus 125 jours. D'après cette évaluation , la révolution des fixes doit se faire en 25,637.8 années tropiques ; la *précession annale* qui en résulte est de 50″,55233 , et la séculaire est de 1° 24′ 15″,233.

II. Les 217 années que la vieille chronique attribue au règne des demi-dieux , si ce sont des années vagues , sont représentées par 79,205 jours ; elles ne contiennent point un nombre complet de lunaisons ; j'ai cru qu'elles pouvoient alors s'accorder avec 217 années sydérales complettes : en ajoutant donc 56 jours à la période de 217 années vagues , on a 79,261 jours qui , divisés par 217 donnent , pour la longueur de l'année sydérale 365 j. 6 h. 11′ 57″,774 ; cette période renferme 2684.03 lunaisons ; en supposant qu'elle n'en renferme que 2684 , on trouve, pour la longueur de la révolution de la lune au soleil , 29 j. 12 h. 44′ 51″,8 , trop forte de 28″,8. Cette période n'est pas fort exacte , il faut en convenir , mais comme les 2684 lunaisons s'accomplissent en 79,260 j. 2 h. 30′ 12″ , il en résulteroit toujours que si la nouvelle lune a eu lieu au commencement de la première période de 217 années sydérales . la seconde période a dû commencer le jour même que la lune a été nouvelle, puisqu'elle n'a eu lieu que 21 h. 29′ 48″ après cette nouvelle lune. Toute imparfaite que paroît être cette période, il suffisoit qu'elle pût se renouveller lorsque la lune présentoit les mêmes phases, pour qu'elle ait été adoptée par les Egyptiens : il n'y a qu'elle qui s'écarte ainsi des observations ; toutes les autres y sont parfaitement conformes.

III. Les 2324 années que la chronique en question attribue au règne des hommes, se présentent encore sous la forme d'une période astronomique. Les années en sont sydérales ; elles sont de 365 j. 6 h. 9′ 54″,8365. Cette période, qui contient alors 2325 années vagues et 252 jours, ou 848,857 jours, a l'avantage de contenir 28,745 lunaisons complettes de 29 j. 12 h. 44′ 3″.5485. Ces 28,745 lunaisons, à raison de 29 j. 12 h. 44′ 3″ donnent 648,856 j. 19 h. 37′ 15″ ; il ne s'en faut que de 4 h. 22′ 45″ que cela ne soit égal au nombre de jours que présente cette période ; elle doit donc se renouveller lorsque la lune présente les mêmes phases. L'année tropique qui y correspond paroît être de 365 j. 5 h. 49′ 27″,986 : la révolution des fixes, d'après cette période, devoit donc s'accomplir en 25,803 ans ; la précession annuale qui en résulte est de 50″,226, et la séculaire est de 1° 23′ 42″,6.

D'après ce que nous venons d'établir, la période de 6525 ans est composée de 3984 années vagues, de 217 et de 2324 années sydérales; elle contient 2,382,278 jours; elle comprend en outre dans son étendue 80,671 ½ lunaisons de 29 j. 12 h. 44′ 4″,0575; il n'y a sur celle que l'on adopte actuellement qu'à-peu-près une seconde de différence.

IV. L'ancienne chronique des Egyptiens contenoit encore trente dynasties et 113 générations. Manéthon parle de 113 règnes successifs, qui ont duré 3555 ans depuis le commencement du règne des hommes en Egypte jusqu'à la quinzième année avant l'empire d'Alexandre; ces 113 règnes ou générations ont beaucoup de ressemblance avec les 341 générations, les 341 règnes et les 341 sacerdoces dont parle Hérodote; la période qui renferme ces 113 règnes ou générations est plus courte; mais, comme celle d'Hérodote, elle est liée aux mouvemens du soleil et de la lune, et la longueur de l'année qu'on en déduit se rapproche singulièrement de celle qui résulte des observations modernes; il en est de même des lunaisons et de la précession des équinoxes.

1°. Cette période contenant 5555 années vagues renferme 1,297,575 jours ; elle répond à 5552 ½ années sydérales de 565 j. 6 h. 9′ 52″,8 ; elle ne s'éloigne que de 2″ de celle qu'on a déduite de la période de 2524 ans ; cette année approche singulièrement de celle qui a été déterminée par les observations modernes ; il n'y a que 32″,43 d'excédant.

2°. Elle donne 43,940 lunaisons complettes de 29 j. 12 h. 44′ 4″,6973, qui ne s'éloignent de celle que donnent les observations modernes que de 1″,7. Si on suppose les lunaisons de 29 j. 12 h. 44′ 3″, les 43,940 lunaisons donnent en ce cas 1,297,574 j. 3 h. 17′ ; il n'y a alors de différence sur la période que 20 h. 43′ ; ainsi, dans cette supposition, la seconde période commenceroit encore lorsque la lune présenteroit la même phase.

3°. Les deux cinquièmes de cette période en font découvrir une autre de 1422 années vagues, qui répondent à 1421 années sydérales ; et cette nouvelle période renferme 17,576 lunaisons.

4°. Si on multiplie la période de 1421 années sydérales par 18, on a 25,578 années sydérales pour la révolution des fixes, qui répond à 25,579 années tropiques ; et l'année tropique qui en résulte est de 565 j. 5 h. 49′ 19″,05 ; la longueur de l'année, suivant Lalande, est actuellement de 365 j. 5 h. 48′ 48″, il n'y a que 31″,05 de différence ; et cette année ne diffère de l'année grégorienne que de 7″ : ces déterminations sont donc très-exactes.

5°. La précession des équinoxes est de 50″ $\frac{2}{3}$ par an, et la précession séculaire est de 1° 24′ 26″ $\frac{2}{3}$; il suit enfin de ce que nous venons d'établir, que si 1422 années vagues répondent à 1421 années sydérales, 1506 années vagues répondent alors à 1505 années tropiques.

Voilà où nous a conduit l'examen de la période de 3555 ans ; elle est purement astronomique, ainsi que la fameuse période dont parle Hérodote ; elle n'a pu être combinée que sur les mouvemens du soleil et de la lune, puisqu'elle donne, avec une précision étonnante, la longueur de l'année sydérale, la durée des révolutions de la lune par rapport au soleil, et qu'on en déduit la longueur de l'année tropique et les mouvemens des étoiles en longitude qui s'accordent avec les observations des astronomes modernes ; on ne peut donc trop admirer la sagacité et l'esprit d'invention des anciens Egyptiens, pour avoir imaginé des périodes qui s'accordent aussi bien avec les mouvemens célestes.

V. Et enfin les 445 années qui, selon l'an-

cienne chronique, contiennent quinze générations du cycle caniculaire, conduisent à un résultat à-peu-près semblable â celui auquel
nous avons été amenés par la période de 3555
ans. En effet, les 443 années dont il s'agit sont
des années vagues ; elles contiennent 161,695 j.
et 5475 ½ révolutions lunaires, lesquelles sont
de 29 j. 12 h. 44' 6'',091. Les 5475 ½ révolutions lunaires, à raison de 29 j. 12 h. 44' 5'' don-
neroient 161,694 j. 17 h. 35' 46'' ½, il n'y auroit,
sur la durée de la période, que 6 h. 24' 13'' ½ ;
de-là il s'ensuit que si la première période avoit
commencé avec la nouvelle lune, la seconde
période auroit commencé lorsque la lune étoit
dans son plein, et ainsi de suite alternativement :
en doublant, on a une période de 886 années,
pendant laquelle s'accomplissent 10,951 révolutions lunaires. Actuellement, si l'on retranche
251 jours des 161,695 jours que donnent les
443 années vagues, il en résulteroit une année
astrale de 365 j. 6 h. 11' 24'',455, plus grande
que celle que nous venons de déterminer par
le moyen de la période de 5555 ans ; mais,
quoiqu'il en soit, d'après l'examen que je viens
de faire de toutes les périodes que renferme la
chronique ancienne des Egyptiens, il doit rester prouvé, selon moi, qu'elle ne présente, dans
son étendue et dans toutes ses parties, que des

périodes astronomiques, plus ou moins exactes les unes que les autres , et que toutes ces périodes n'ont été imaginées que pour concilier les mouvemens du soleil et de la lune entre eux et avec les étoiles fixes ; il en doit résulter que les anciens astronomes égyptiens étoient réellement parvenus, par l'assiduité de leurs observations, à connoître, avec une précision étonnante, les mouvemens du soleil et de la lune par rapport aux étoiles fixes , et ceux de cette dernière planète par rapport au soleil ; et qu'ils avoient déterminé avec une exactitude que l'on ne peut trop admirer , et avec plus de précision que ne l'ont fait Hipparque et Ptolémée , la longueur de l'année solaire , et par rapport aux astres , et par rapport aux points équinoxiaux et solsticiaux. Tous les élémens dont sont composées toutes les périodes que nous venons de parcourir , attestent les profondes connoissances des anciens Egyptiens en astronomie ; ils prouvent qu'ils ont connu le mouvement apparent des fixes et la durée de leur révolution. Toutes ces connoissances , dont les prêtres égyptiens étoient restés dépositaires , dans un tems où ils ne faisoient plus d'observations, leur ont donc servi à former ces longues périodes d'années qui s'accordent si parfaitement avec les mouvemens célestes , et qui attestent qu'elles sont plutôt le résultat d'un calcul que d'un systéme chronologique : système qu'ils auront pu chercher à concilier avec ces différentes périodes.

Tous les peuples anciens avoient imaginé de semblables périodes ; si elles étoient connues et qu'elles fussent soumises à la discussion, on pourroit parvenir aux mêmes résultats que ceux que nous avons trouvés par la méthode que nous avons suivie dans l'examen que nous venons de faire des périodes égyptiennes.

Les Indiens avoient leurs âges, leurs cycles et de très-longues périodes qui comprenoient des millions d'années; ces longues périodes ne peuvent être d'aucune utilité, parce qu'elles sont toutes d'une étendue excessive : elles ne sont, pour la plupart, que le fruit de l'imagination de ces peuples et de leur vanité ; ou plutôt ces longues périodes étoient puremeut astrologiques; elles avoient été imaginées pour expliquer la restitution des aspects des astres qui devoient avoir lieu, lorsque les planètes et les étoiles fixes, après un grand nombre de révolutions, seroient toutes revenues au même point d'où elles étoient parties dans l'origine. Ces immenses périodes étoient dont chimériques ; mais du nombre de ces périodes, il faut cependant en excepter une dont parle Albumazar, d'après un auteur indien, ainsi que le rapporte Bailly. Cette période comprenoit 720,634,442,715 jours. C'étoit, selon les Indiens, le tems qui s'étoit écoulé depuis le déluge jusqu'à l'hégyre ou la fuite de Mahomet.

« Quand un peuple, dit Bailly à ce sujet, *liv. I des Ecl. sur l'astron. anc.*, §. *XI*, nous dira vaguement qu'il existe depuis une infinité de millions d'années, nous y reconnoîtrons aisément le langage de la vanité et du mensonge; mais quand les Indiens, ajoute cet auteur, affirmeront que depuis le déluge jusqu'à l'époque de l'hégyre, il s'est écoulé 720,634,442,715 j., ce nombre ainsi détaillé n'a point l'air d'un nombre fait à plaisir; les nombres imaginés approchent plus des nombres ronds : nous ne pouvons enfin nous empêcher de penser, dit encore Bailly, que ce sont de très-petites fractions de jours qu'ils ont prises pour des jours, par erreur ou par vanité. » Bailly passe ensuite, dans son §. XVII, à l'examen de ce nombre prodigieux. Bailly a cherché, dans son ouvrage, à prouver, d'après les traditions orientales, que les peuples anciens étoient d'accord sur le tems qui s'étoit écoulé entre la création et le déluge ; selon lui, toutes ces traditions donnoient à-peu-près la même durée au monde ; dans la discussion qu'il a faite des antiquités chaldéennes, égyptiennes, chinoises et indien-

nes , il n'a trouvé par-tout que des synchronis-
mes ; préoccupé de ce système , il n'a pas tiré
de la longue période indienne tout l'avantage
qu'il auroit pu faire ; il s'est contenté de dire
qu'elle se réduisoit à 4570 ans , et que le déluge
étoit arrivé 3948 ans avant l'ère vulgaire. S'il
eût poussé ses recherches plus loin , il auroit
reconnu que ce nombre prodigieux de jours est
réellement une période astronomique composée
d'un certain nombre d'années sydérales. La
détermination à laquelle Bailly s'étoit arrêté ,
n'étoit donc pas assez précise ; je l'ai soumise
à un examen plus approfondi, et le résultat qu'on
va voir prouve encore que cette longue période
avoit été assujettie aux mouvemens du soleil et
de la lune ; il prouve aussi que le mouvement
des fixes devoit se faire, suivant les Indiens , en
24,000 ans. Entrons actuellement en matière.

Bailly prétend que ce grand nombre ne contient que de très-petites fractions ; il a raison :
il prouve effectivement, par l'autorité des anciens
auteurs , que les Chaldéens , les Egyptiens , les
Indiens , et même les Romains, avoient compté
les années par les jours , que les divisions du
jour en plusieurs parties ont été appelées *révolutions, années* ; selon lui, les Indiens ont été
beaucoup plus loin que les autres peuples. « Le

jour avoit chez eux , dit à ce sujet l'historien de l'astronomie, une infinité de subdivisions ; ils divisoient le jour en 60 parties ; chacune de ces partie en 60 autres , et chacune de ces nouvelles parties en 60, ce qui fait 216,000 de ces parties dans un jour : ces dernières subdivisions se partageoient encore en quatre. » Bailly a commencé par supposer qu'elles ne l'avoient été primitivement qu'en deux ; c'est d'après cette supposition qu'il a trouvé , ainsi que nous l'avons déja dit, qu'il devoit y avoir 4570 ans , ou 1,668,135 jours. On voit que Bailly, en faisant sa division par 365 , n'a point eu égard au reste qui montoit encore à 122,715 parties qui donnent 17 h. 2′ 37″ indiennes. Si donc on veut avoir un résultat tout-à-fait exact, il ne faut pas alors négliger ce reste ; on trouve, quand on y a égard , que ce grand nombre comprend 1,668,135 j. 17 h. 2′ 37″ $\frac{1}{2}$, ou 1,668,135.284 $\frac{1}{16}$ j. Si d'après cela on divise le nombre ainsi réduit par 4567 , la longueur de l'année qui en résulte se trouve être alors de 365 j. 15 h. 30′ 22″ $\frac{1}{2}$, lorsqu'on suit la division indienne, et en suivant celle que nous adoptons , elle se trouve être de 365 j. 6 h.12′ 9″. Voilà le résultat auquel nous sommes déja parvenus ; il nous a fait découvrir que la longueur de la période indienne , comme de celles imaginées par les Egyptiens , avoit pour base et pour fondement la longueur de l'année astrale.

Les Indiens , ainsi qu'on peut le voir, liv. IV, §. XIV de l'histoire de l'astronomie ancienne , faisoient , à ce que rapporte le Gentil , l'année sydérale de 365 j. 15 h. 31′ 15″, qui se réduit à 365 j. 6 h. 12′ 30″, suivant notre manière de compter ; il n'y a donc que 21″ de différence entre le résultat que l'on vient de trouver et la longueur de l'année astrale qui , selon le Gentil, avoit été adoptée par les Indiens. Bally dit que les Chaldéens et les Egyptiens la faisoient de 365 j. 6 h. 11′ : cela ne feroit encore qu'une différence de 1′ 9″.

Il est donc constant que le grand nombre de jours qui , selon les Indiens , s'étoient écoulés entre le déluge et l'époque de l'hégyre , est une vraie période astronomique qui contient , en employant la subdivision du jour adoptée par Bailly , 4567 années sydérales ; mais en supposant , ce qui est plus probable , que le jour indien dont il est question en cette période , n'est divisé qu'en 216,000 parties , la période sera alors de 9134 années sydérales. Ce résultat est vraiment unique ; il fait voir que les Indiens avoient une connoissance assez exacte de la longueur de l'année : cette période s'accorde d'ail-

laurs avec la révolution de la lune par rapport
aux étoiles ; on trouve 122,111 de ces révolutions qui sont égales à 27 j. 7 h. 45′ 8″,5235 ;
elle tient le milieu entre la révolution sydérale
et la tropique, il n'y a pas même 3″ ½ de différence sur la révolution sydérale telle qu'on l'observe aujourdhui ; elle ne peut cependant se
concilier avec les révolutions synodiques de 29 j.
12 h. 44′ 3″. Cette longue période en contient
112,976,765 : si l'on suppose 112,976 lunaisons,
on trouveroit 17″,5 de plus sur le mois lunaire ;
et si on admet que la période en contient 112,977,
le mois lunaire se trouveroit alors plus court de
6″,5 ; on ne peut pas supposer que les astronomes indiens aient pu commettre, dans la durée
du mois lunaire, des erreurs aussi considérables ;
ils devoient connoître, ainsi que les Egyptiens
et les Chaldéens, la période de 223 mois lunaires, qui donne pour la longueur de ce mois
29 j. 12 h. 44′ 7″ ½ ; ainsi donc, l'on ne peut
comparer les révolutions de la lune au soleil
avec les périodes indiennes que nous venons de
déterminer. Mais si les révolutions synodiques
de la lune ne peuvent s'accorder avec la période
de 9134 années sydérales, elles pourroient peut-
être bien se concilier avec une période de 9134
années tropiques.

La longue période indienne comprend donc

dans son étendue 112,976.765 lunaisons; si l'on en retranche 4.765 lunaisons, il n'en restera plus alors que 112,972 : les 4.765 révolutions de la lune au soleil que l'on vient de retrancher, sont représentées par 140 jours 17 h. 19′ 50″, ou par 12,158,590 secondes ; si on divise cette quantité par 9134, on a 22′ 11″ $\frac{1}{9}$ à retrancher de la longueur de l'année sydérale : l'année tropique qui en résulte est alors de 365j. 5 h. 49′ 57″ $\frac{8}{9}$ fort approchante de celle qui a été déterminée par les observations modernes ; cette différence entre l'année sydérale et l'année tropique suppose que la révolution des fixes doit s'accomplir en 25,709 années, ou que la précession des équinoxes est de 54″,66 par an. Ainsi, la précession qu'on en déduit ne s'éloigne pas beaucoup du mouvement que les Indiens attribuent aux étoiles fixes, puisqu'ils le font de 54″ par an, et que, selon eux, la révolution des fixes s'accomplit en 24,000 ans.

Supposons, comme eux, le mouvement des fixes de 54″ par an, nous arriverons à un résultat un peu différent, à la vérité, de celui que nous venons de déterminer, mais qui servira à nous faire connoître au juste et la longueur des révolutions synodiques de la lune, et la longueur de l'année tropique des Indiens. En divisant donc la longueur de l'année sydérale qui résulte de la lougue période des Indiens par 24,000 , on a 1314″,93 $\frac{3}{8}$, ou 21′ 54″,93 $\frac{3}{8}$, à cause du mouvement des fixes pendant un an , qu'il faut retrancher de la longueur de l'année astrale trouvée ; et alors l'année tropique , ou la révolution du soleil à l'égard du même point de l'écliptique , sera de 365 j. 5 h. 50′ 14″,06 $\frac{5}{8}$, qui diffère de 40″ de celle que lui attribue Bailly, §. *XIV*, *liv. IV du tome premier de l'histoire de l'Astr. anc.*, mais qui, dans le fait, n'en devroit différer que de 20″, parce que Bailly auroit dû retrancher de l'année sydérale des Indiens 21′ 55″, au lieu de 21′ 35″; ainsi qu'il l'a fait. 9134 années tropiques de cette grandeur fournissent alors 112,972 lunaisons complettes de 29 j. 12 h. 40′ 4″,349, qui ne diffèrent que de 1″,309 de celles que l'on a déterminées par suite des opérations modernes.

Voilà donc à quoi nous ont conduit les réflexions que nous venons de faire sur le grand nombre de jours, qui selon les peuples de l'Inde, se sont écoulés entre le tems du déluge et l'époque de l'hégyre ; les inductions que nous en avons tirées, prouvent donc que les Indiens connoissoient parfaitement la longueur des années , tant sydérales que tropiques, et la durée des mois lunaires , puisqu'il n'y a , à cet égard, que 1″,309 de différence sur ces mois.

Nous ne pouvons trop le répéter, Bailly, à ce qu'il nous semble, n'a pas tiré tout le parti qu'il pouvoit faire de cette période, qui paroît avoir été ajustée sur la longueur de l'année sydérale qui étoit en usage chez les Indiens. En retranchant quelques mois lunaires et une fraction de ces mois, on ramène aisément cette période de 9134 années sydérales à une autre de 9134 années tropiques, qui diffèrent de 9134 années sydérales, de 139 j. 0 h. 16′ 44″,8475. Cette période prouve donc que suivant les Indiens, la révolution des fixes doit se faire en 24,000 ans, et que ce mouvement n'est que de 54″ par an ; elle ne fait que confirmer ce que le Gentil et tous les auteurs ont avancé à cet égard.

Tel est le résultat auquel nous avons été amenés par les recherches que nous avons faites sur la période indienne que nous venons d'examiner. Il semble, d'après cela, qu'au lieu d'avoir eu en vue de fixer la prétendue époque du déluge, les astronomes indiens n'ont cherché qu'à concilier la longueur de l'année sydérale avec celle de l'année tropique, et de concilier celle-ci avec les révolutions de la lune par rapport au soleil, en faisant en sorte que la période de 9134 années tropiques pût représenter, d'une manière exacte, un certain nombre de lunaisons. Si les Indiens n'ont pas été détermïnés par ces motifs, on ne pourra au moins disconvenir que le nombre prodigieux de jours qui, selon ces peuples, se sont écoulés entre la prétendue époque du déluge et l'époque certaine de l'hégyre, ne représente fort exactement l'année sydérale, qui s'accorde, à 21″ près, avec celle que, suivant le Gentil, ils suivent encore dans leurs calculs; le rapprochement que nous en venons de faire ne peut donc être que fort intéressant. Je pourrois en rester là; mais comme j'ai annoncé que j'examinerois la période d'années qu'on attribue à Aristarque, c'est par là que je terminerai mon mémoire.

Toutes les périodes connues sous le nom de *grandes années*, appartiennent incontestablement aux Egyptiens et aux Chaldéens; quelques-unes ont été imaginées par les Indiens. Les Grecs étoient tout-à-fait modernes dans la carrière astronomique, en comparaison des Orientaux et des Egyptiens : longtems plongés dans l'ignorance et dans la barbarie, ce ne fut qu'après avoir été civilisés par des colonies venues d'Egypte et de Phénicie, qu'ils commencèrent à acquérir quelques connoissances; et longtems après on vit encore leurs philosophes voyager en Egypte pour s'instruire dans les arts et les sciences. Solon, Platon, Pythagore, etc., etc.

ne dédaignèrent pas de prendre des instructions des prêtres égyptiens. Les Grecs nous ont bien transmis les fameuses périodes dont nous avons parlé ; mais elles ne pouvoient leur appartenir , parce qu'ils n'avoient pas assez de connoissances astronomiques pour pouvoir les inventer.

Cependant, Censorin *de die natali* , liv. 1, §. *XVIII*, nous apprend qu'Aristarque faisoit la grande année de 2484 ans. La découverte de cette période ne peut lui appartenir : cet astronome vivoit 264 ans avant J.-C. ; la longueur de l'année n'avoit pas encore été déterminée d'une manière précise par l'école d'Alexandrie ; il n'y avoit pas encore bien longtems qu'ils avoient appris des Egyptiens que l'année étoit de 365 jours et un quart ; ce n'a été que 145 ans après lui‘ qu'Hipparque , en comparant ses propres observations avec celles qu'avoit faites Aristarque , reconnut que l'année devoit être diminuée de la 300ᵉ. partie d'un jour, et qu'ainsi sa durée devoit être de 365 j. 5 h. 55′. Les mouvemens de la lune, du tems d'Aristarque , n'étoient pas encore parfaitement connus ; il n'avoit donc pas les élémens nécessaires pour imaginer une période qui , selon Bailly , *hist. de l'Astr. mod.* , *liv. I*, §. *XV*, devoit ramener le soleil et la lune en conjonction avec la même étoile , et c'est aussi ce qui fait dire ingénieusement à Bailly , qu'Aristarque avoit hérité de quelques-unes des dépouilles de l'antiquité.

Cet auteur, *liv. I, des Eclaircissemens*, §. *X et XI, premier vol. de l'Astr. moderne*, examine cette longue période, après avoir cité à ce sujet Censorin et avoir même corrigé le texte ; il en conclut que la révolution de la lune à l'égard du soleil, ayant été établie par les Chaldéens, de 29 j. 12 h. 44′ 7″ ½, les 30,724 lunaisons qui se trouvent comprises dans ce long intervalle de tems faisant 907,299 j. 10 h. 56′ 30″, il en devoit résulter pour la longueur de l'année 365 j. 6 h. 10′ 42″ ½ : c'étoit donc une année astrale qui en provenoit ; et en faisant la révolution de la lune plus courte de 3″, l'année qui en résultoit ne se trouvoit plus que de 365 j. 6 h. 10′ 6″ ; de là Bailly conjecture que ces deux longueurs d'années pouvoient être attribuées à deux différentes révolutions de la lune ; il en infère aussi, que les Chaldéens avoient en effet ces deux révolutions de la lune, l'une plus ancienne, et qu'ils devoient, selon lui, à l'astronomie primitive, et l'autre plus moderne, établie sur la continuité de leurs observations ; et c'est là-dessus qu'il établit qu'il y a eu une accélération sensible dans les mouvemens du soleil et de la lune, etc. Cela peut être, mais j'ai peine à croire que les Chaldéens, si ce sont eux qui ont imaginé cette période, l'aient formée sur deux révolutions différentes de la lune. Le but de ceux qui l'ont imaginée étoit de ramener le soleil et la lune en conjonction avec la même étoile à la fin de la période; et pourvu que la conjonction arrivât dans le jour, tout étoit dit, ils n'en demandoient pas davantage. Quant à moi, je pense que cette période, qui appartient plutôt aux Egyptiens qu'aux Chaldéens, doit être combinée avec l'année vague qui étoit en usage chez ces peuples. Les 2484 années sydérales dont il s'agit, sont alors représentées par 2485 $\frac{3}{4}$ années vagues : la longueur de l'année qui en résulte est alors de 365 jours 6 h. 10′ 17″,3913, et pendant cet intervalle il s'est accompli 30,724 lunaisons de 29 j. 12 h. 44′ 5″,72, qui ne diffèrent de celle que l'on connoît actuellement, que de 2″,72 ; il en résulte encore que 1420 $\frac{3}{7}$ années vagues répondent à 1419 $\frac{3}{7}$ années astrales, ou que 9943 années vagues sont représentées par 9936 années sydérales : en multipliant 1419 $\frac{3}{7}$ années astrales par 18, on a, pour la révolution des fixes, 25,549 $\frac{5}{7}$ années astrales, qui se réduisent à 25,550 $\frac{5}{7}$ années tropiques ; l'année tropique qui en provient est de 365 j. 5 h. 49′ 47″,27 ; la précession annale est de 50″;72265, et la séculaire est représentée par 1° 24′ 32″,265. Cette longue période,combinée dans les mêmes principes que celles des Egyptiens que nous avons examinées, ne peut appartenir qu'à eux ; ce sont eux qui en sont les inventeurs.

La période que nous examinons et le nombre de lunaisons qu'elle comprend sont divisibles par 4 ; il en résulte une période de 621 années astrales, qui est représentée par 226,824 $\frac{11}{16}$ jours qui répondent à 7681 lunaisons ; et si l'on suppose la longueur du mois lunaire de 29 j. 12 h. 44' 3'', les 7681 lunaisons fournissent 226,824 jours 11 h. 8' 3'', il n'y auroit sur cette détermination que 5 h. 22' 57'' de différence. On auroit donc dû employer cette période de préférence à la grande, puisqu'elle ramenait au bout de 621 ans la lune et le soleil en conjonction avec la même étoile.

J'ai prouvé que la fameuse tradition que nous a transmise Hérodote dans son histoire et que l'ancienne chronique des Egyptiens étoient plutôt astronomiques que chronologiques, puisqu'elles renferment des périodes d'années qui s'accordent avec les mouvemens du soleil et de la lune ; j'ai fait voir qu'on en déduit, avec une facilité étonnante, les longueurs des années astrales qui étoient en vogue chez ce peuple, ainsi que le mouvement des fixes. En appliquant les mêmes principes au nombre prodigieux de jours qui , selon les Indiens , s'étoient écoulés entre le déluge et l'époque de l'hégyre , je suis encore parvenu à découvrir la longueur de l'année astrale que ces peuples employoient, et même à démêler la longueur de l'année tropique qui en résulte ; la révolution des fixes que les Indiens prétendoient devoir s'accomplir en 24,000 ans , se trouve encore confirmée par le développement que j'ai fait de cette longue période ; je crois donc avoir rempli le but que je m'étois proposé. Si j'ai réussi dans mes tentatives , je serai satisfait d'avoir pu débrouiller une matière qui présentoit bien des difficultés , et d'avoir jeté du jour sur une question qui méritoit d'être discutée.

Tableau synoptique des périodes d'années qui font l'objet du présent mémoire sur les périodes égyptiennes.

PÉRIODE DE 11,340 ANS.

La période de 11,340 ans, pendant la durée de laquelle, suivant la tradition égyptienne, ainsi que le rapporte Hérodote, on a vu deux fois le soleil se lever là où il se couche actuellement, et deux fois se coucher là où il se lève, se réduit en quatre périodes de 2835 années sydérales de 365 j. 6 h. 10′ 47″,619; il en résulte, ainsi qu'on peut le voir (page 14) que la révolution apparente des fixes s'accomplit en 25,516 années tropiques; que l'année tropique qui en provient est de 365 j. 5 h. 50′ 10″,816 $\frac{3}{4}$.

La période de 2835 années sydérales représente 2837 années vagues de 365 jours; elle comprend 35,065 $\frac{1}{2}$ lunaisons de 29 j. 12 h. 44′ 3″,2134. C'est par ce moyen que l'on explique les levers et couchers extraordinaires du soleil, dont parle Hérodote. Ces levers et ces couchers extraordinaires ne sont autre chose que les renouvellemens de la période de 2835 années sydérales, qui ont eu lieu quatre fois pendant 11,340 ans aux nouvelles et aux pleines lunes alternativement (page 17).

En divisant par 9 la période de 2835 années,

lorsqu'on suppose que ces années sont tropiques,
la période de 315 années tropiques qui en provient, ramène les nouvelles et pleines lunes au
même jour, à 2 h. 53′ 12″ près ; et si on ajoute
une lunaison de plus, les 315 années tropiques
plus une lunaison, ramènent les éclipses de
soleil et de lune dans le même ordre (page 24).

ANCIENNE CHRONIQUE DES ÉGYPTIENS.

L'ancienne chronique égyptienne que nous a
conservée George le Syncelle, comprend dans
son étendue 36,525 ans ; elle se divise en plusieurs périodes d'années. Sans avoir égard à la
longueur de la période de 36,525 ans, en elle-
même, ou à celle de 30,000 ans qu'on attribue
au règne du soleil, on ne considère que les 6525
années restantes de cette longue période ; elles
renferment, 1°. la période de 3984 ans ; 2°.
celle de 217 ans ; 3°. et enfin celle de 2524 ans.
Cette chronique paroît encore renfermer deux
autres périodes d'années, l'une de 5535 ans, et
l'autre de 443 ans (page 39).

Pour parvenir à développer ces différentes
périodes, il a fallu discuter la forme et la longueur des différentes années qui ont été en usage
chez les anciens Égyptiens. L'auteur du mémoire
a prouvé (page 36) que la période sothique de
1461 années vagues ou sacrées, répondant à

1460 années rurales, dont Fréret plaçoit le commencement d'une de ces périodes 2782 ans avant J.-C., remontoit à plus de 10,000 ans au-delà ; il a prouvé (page 58) que cette longue période, malgré son imperfection, paroissoit cependant s'accorder avec les révolutions lunaires. En supposant la révolution de la lune par rapport au soleil, telle qu'on la fait actuellement, il en est résulté que 18,058 lunaisons ne s'éloignoient du nombre de jours que fournissoit la période, que d'un j. 14 h. 25′ 6″ ; qu'en faisant la révolution lunaire plus longue de 4″ ½, ainsi que le faisoient les Chaldéens et peut-être même les Egyptiens, d'après la période de 223 mois lunaires, les 18,058 lunaisons s'accordoient avec la période de 1461 années vagues, en anticipant seulement de 15 h. 58′ 45″, et qu'ainsi elle se renouvelloit lorsque la lune présentoit les mêmes phases (page 58).

L'auteur a encore discuté la petite période de 25 années civiles et vagues ; la vie du bœuf Apis étoit limitée à cette période ; elle renfermoit 309 révolutions de la lune à l'égard du soleil, qui s'accordoient à 1 h. 8′ 55″ près avec le nombre de jours que contient cette période (page 42) ; il discute ensuite (pag. 42 — 49) les différentes périodes que comprend l'ancienne chronique égyptienne : en voici le tableau.

TABLEAU

Des périodes d'années que comprend l'ancienne chronique des Egyptiens.

Indication des pages.	Périodes en années vagues ou sydérales.	Nombre des lunaisons que chacune d'elles comprend.	Longueur des mois lunaires qui en proviennent.	Durée des années sydérales qui en dérivent.	Années soit vagues ou sydérales que chaque période comprend.
			j. h. ′ ″	j. h. ′ ″	Ann. syd. jours.
42—44.	3984 ans vag.	49,242 $\frac{1}{2}$ lun.	29.12.44.2,84...	365.6.11. 7,37..	3981 . . $+$ 69.
44,45..	217 ans syd.	2,684.....	29.12.44.31,8...	365.6.11.37,774.	217 a. v.. $+$ 56.
45,46..	2324 ans syd.	28,745.....	29.12.44.3,5485.	365.6. 9.54,8365	2325 a. v. $+$ 232.
46.	6525 ans.....	80,671 $\frac{1}{2}$....	29.12.44.4,0575.		
46—48.	3555 ans vag.	43,940.....	29.12.44.4,6973.	365.6. 9.52,8...	3552 $\frac{1}{2}$ ans sydér.
49..	443 ans vag.	5,475 $\frac{1}{2}$....	29.12.44.6,991..	365.6.11.24,435.	442 a. sy. $+$ 114.

Nota Il est à observer sur la période de 3555 ans, qu'elle se réduit à une autre période de 1422 années vagues, qui répondent à 1421 années sydérales ; qu'il en résulte que la révolution apparente des fixes s'accomplit en 25,579 années tropiques, et que l'année tropique qui eu provient est de 365 j. 5 h. 49′ 19″...

Période indienne de 720,634,442,715 jours.

Le nombre prodigieux de jours que paroît contenir cette période, ne contient réellement que des fractions de jours très-petites. En supposant que les jours dont il est question dans cette longue période, ne soient que la 216,000ᵉ. partie du jour réel, cette période (page 54—55) ne renferme plus alors dans son étendue que 9134 années sydérales de 365 j. 6 h. 12′ 9″, qui ne diffère de celle qui, suivant le Gentil, a lieu dans les grandes Indes, que de 21 secondes.

Si cette longue période (pag. 56—58) est réduite à 9134 années tropiques de 365 jours 5 h. 50′ 14″,c6 ⅝, qui diffèrent alors des 9134 années sydérales de 139 j. 0 h. 16′ 44″,8475; cette nouvelle période contient alors 112,972 lunaisons de 29 j. 12 h. 44′ 4″,509; et ce qu'il y a de plus remarquable, c'est qu'elle a l'avantage de s'accorder avec le mouvement apparent des fixes en longitude que les Indiens font de 54″ par an.

Période egyptienne de 2484 ans, attribuée a Aristarque.

Cette période contient (page 63) 2484 années sydérales de 365 jours 6 heures 10′

17″,3913, qui correspondent à 2485 ¾ années vagues : elle renferme dans son étendue 30,724 lunaisons de 29 j. 12 h. 44′ 5″,72 ; on en déduit la révolution apparente des fixes de 25,550 5/7 années tropiques ; et l'année tropique qui en dérive se trouve être de 365 j. 5 h. 49′ 47″,27. En divisant cette période et les lunaisons qu'elle comprend, par 4, il en résulte une période de 621 années astrales, qui répondent à 621 7/16 années vagues.

FIN.